Ist der Glaube noch gefragt?

Kirchentratsch mit Karl Rahner

von Rudolf Hubert

<u>**Impressum**</u>

Ist der Glaube noch gefragt? – Kirchentratsch mit Karl Rahner

von Rudolf Hubert

Herstellung und Verlag: BoD – Books on Demand, Norderstedt

Herausgeber: Hans-Jürgen Sträter, Adlerstein Verlag

ISBN: 9783757887841

Ausgabevom 1. Oktober2023

Hier finden Sie weitere Bücher von Rudolf Hubert,

die vom Adlerstein Verlag herausgegeben wurden:

Inhalt

Vorwort

Ist der Glaube noch gefragt?

An wen wendet sich dieses Büchlein? Wen soll es erreichen? Diese beiden Fragen gilt es, in aller gebotenen Kürze an den Anfang zu stellen, damit deutlich wird, was mit diesem Büchlein erreicht werden soll. Wir leben heute im Digitalzeitalter, das durch zwei extrem sich widersprechende Merkmale gekennzeichnet ist: Einerseits die fast allmächtig scheinenden menschlichen Fähigkeiten durch Technik, Information und Produktion, gepaart mit schier omnipotenten Machtambitionen von Despoten, Oligarchen, Industriebossen und Bankiers. Andererseits das Taumeln von einer Krise in die andere, angereichert durch grenzenlose Gefühle der Angst und Ohnmacht angesichts von Klimakatastrophen, Flüchtlingsbewegungen, Pandemien und Kriegen mit einhergehender massenweiser Verelendung und Verwüstung großer Teile unserer Erde. Angesichts dieser Szenarien wird die Frage nach dem Sinn des Lebens, nach der Bedeutung von Religion, Glaube und Kirche gestellt – wenn sie überhaupt noch gestellt wird. Denn oft scheint auch diese Frage wie ausgelöscht zu sein. Und nur in Exzessen, in Drogen, im Rausch und im Surfen von Event zu Event bricht sich diese unausrottbare und unstillbare Dimension menschlicher Existenz auf oft drastische Weise Bahn. Die Ignoranz der Gottesfrage und damit der Frage nach dem Menschen oder auch die Erklärung von deren völliger Irrelevanz können nicht über die Frage hinwegtäuschen, dass der Mensch „nicht allein vom Brot lebt". Man kann der Gottesfrage nur in einer bestimmten Art und Weise ausweichen, um sie als nicht-existent oder irrelevant zu erweisen. Eine Bestreitung der Existenz Gottes oder der Sinnhaftigkeit der Frage nach Gott ist ja schon wieder eine Thematisierung dessen, was man nicht thematisieren will.

Bleibt höchstens das (Ver-) Schweigen und auch das nur als ein völlig unbewusster Akt, denn wenn ich etwas bewusst verschweige, thematisiere ich es durch dieses bewusste Tun gleichzeitig. Rahner hat auch hier recht: Es ist nicht ganz leicht, mit Gott nichts zu tun zu bekommen.[1]

Angesichts dieser Situation fragen sich Menschen nicht selten: Wo kommt uns Hilfe und Orientierung her? Wer kann verlässlich Auskunft geben? Worauf und auf wen kann ich mich verlassen? Karl Rahner gehört in das vergangene 20. Jahrhundert. Seine Schriften sind vollständig erfasst und veröffentlicht worden.[2]

---

[1] „Man kann an dem unendlichen Geheimnis, das uns stille liebend umfängt, nicht so leicht vorbeilaufen, wie sowohl die Skeptiker und Atheisten wie auch die Engen unter den Christen meinen, die sich Gott zu sehr nach ihrem kleinen Herzen denken." – Karl Rahner SW 10, 589 – „Gott und Christi Gnade sind in allem als geheime Essenz aller wählbaren Wirklichkeit, und darum ist es nicht so leicht, nach etwas zu greifen, ohne mit Gott und Christus (so oder so) zu tun zu bekommen." Karl Rahner „Gegenwart des Christentums", Freiburg-Basel-Wien 1963; dort „Zur Theologie der Menschwerdung", 70 – auch in SW 12, S. 309-322

[2] Karl Rahner Sämtliche Werke, Herder, Freiburg-Basel-Wien (Sämtliche Werke = SW)

Er gilt als einer der bedeutendsten Theologen des 20. Jahrhunderts, der das II. Vatikanische Konzil maßgeblich mit beeinflusst hat. Karl Rahners Denken hat sich genau diesen Situationen gestellt: Wie kann „im Heute" geglaubt werden? Und zwar „intellektuell redlich", d.h. ohne Verdrängung und ohne Ausflüchte? Wie kann geglaubt werden angesichts dieser und anderer, heute noch gar nicht absehbarer Herausforderungen des Glaubens?[3]

Seine ‚Einwürfe' zur kirchlichen Situation scheinen heute, im Rückblick, einerseits wie die Rufe eines Propheten. Andererseits gilt er als unverständlich und wird kaum noch gekannt. Ja, Karl Rahner scheint in weiten Kreisen kirchlichen Lebens fast völlig vergessen zu sein. Dabei kann ein kurzer Blick in die theologische Fachliteratur – von den großen theologischen Nachschlagewerken angefangen bis hin zu Dissertationen und Habilitationsschriften – rasch zeigen, wie sehr Rahners Theologie bis heute präsent ist. Allerdings fast nur (noch) im Hintergrund.

Dem möchte das Büchlein entgegenwirken. Und das aus gutem Grund, denn der Autor ist der Meinung, dass Rahners Theologie heute im wörtlichen Sinn not-wendig ist. Die Not (des Glaubens) zu wenden. Johann Baptist Metz sprach seinerzeit von Karl Rahner als

---

[3] Einige Buchtitel Karl Rahners können das gut illustrieren: „Im Heute glauben", SW 14, „Vom Glauben inmitten der Welt", Herder - Bücherei, Band 88, 1961; „Gegenwart des Christentums", Herder – Bücherei, Band 161, 1963/1966; „Glaube, der die Erde liebt", Herder - Bücherei 1966, Band 266; Ebenso sein Aufsatz: „Stirbt das Christentum aus?", SW 30, S. 121-132

einem „Vater des Glaubens und einem Bruder im Glauben"[4]. Karl Lehmann sprach davon, dass Karl Rahners Werk „ein Segen für Theologie und Kirche (bleibt) – auch im dritten Jahrtausend."[5] Lehmann warnte aber auch in Bezug auf Karl Rahners Theologie, dass sie vergessen wird: „Das große Werk ist in Gefahr, unserem Bewusstsein fast schon wieder zu entgleiten."[6] Warum droht das große Werk Karl Rahners uns allen zu entgleiten? Weil uns die Grundlagen dieses Werkes kaum mehr zur Verfügung stehen:

Rahners Verwurzelung in der kirchlichen Tradition, einschließlich seines Ordens, seine Begrifflichkeit, die in der (vergangenen) Neuscholastik zu Hause ist[7], sein ‚Gespräch' mit der Existenzphilosophie, deren Anfragen und Probleme er mit dem Glauben zusammenbringen wollte, seine – am Lateinischen geschulte – Sprache, die mit hoher Stringenz und Klarheit einerseits aufwartet, andererseits aber fast überall die „Anstrengung des Begriffs" (Hegel)

---

[4] „Karl Rahner in Erinnerung" Düsseldorf 1994, 93

[5] Karl Lehmann in „Theologen unserer Zeit", Stuttgart 1997, 22

[6] Karl Lehmann in „Theologen unserer Zeit", Stuttgart 1997, 22

[7] Rahner kennt sie so gut, dass es ein, vielleicht sogar *das* inhaltliche Charakteristikum seiner Theologie ist, dass er die innere Kraft der, wie er es nannte, ‚Schultradition', für die Menschen von heute, morgen und übermorgen quasi ‚entbinden' konnte. Seine Begrifflichkeiten, die davon Zeugnis ablegen, wie *Geheimnis, Selbsttranszendenz, übernatürliches Existential, vergebende und vergöttlichende Selbstmitteilung Gottes, das Begriffspaar transzendentalkategorial usw.* bedürfen allerdings heute schon wieder selbst einer zeitgemäßen ‚Übersetzung'.

erfordert, nicht zuletzt durch oft überlange Sätze, die den Kontext der Aussage mitsamt den Einwänden ausleuchtet. Seine theologische Methode, die immer danach fragt, wie die Glaubensaussage dem Menschen vermittelbar ist – daher die so genannte „anthropologische Wende" der Theologie Karl Rahners. Diese und andere Charakteristika der Theologie Karl Rahners versperren gewissermaßen uns heute den Zugang zu einem theologischen Werk, dessen wir mehr denn je bedürfen.

Daher dieses kleine Büchlein. Es wählt die Form eines fiktiven Briefes Karl Rahners, der im Jahr 1984 verstorben ist, an einen Christen von heute und morgen. Die Sicht auch auf die Kirche von morgen ist deshalb wichtig, weil einige Impulse Karl Rahners, beispielsweise zum Zölibat, zu bewährten Frauen und Männern zum Priestertum und damit auch zur Frauenordination, bis heute nicht, oft nicht einmal ansatzweise, verwirklicht worden sind. Ich persönlich glaube, dass diese Versäumnisse unserer Kirche sehr schaden und dass diese pastoralen Erfordernisse (endlich!) umgesetzt werden müssen. Daher der Blick auf die Kirche von heute u n d morgen! Dass beide Perspektiven nicht deckungsgleich sind, ergibt sich von selbst. Diese ‚Unschärfe' habe ich der Sache wegen in Kauf genommen.

Es ist der Christ in der Diaspora, in der Vereinzelung, in der Zerstreuung, in der sich heute der Glaube zu bewähren hat. Dem galt von jeher Karl Rahners theologisches Interesse und Sorge. Dieser kleine, fiktive Brief möchte nur eines: Lust machen auf mehr, d. h. aufmerksam zu werden auf diesen Theologen, der vieles vor- und mitgedacht hat, was uns heute bedrängt. Lust darauf, zu Schriften Karl Rahners zu greifen, und die „Anstrengung des Begriffes" nicht zu scheuen. Denn es lohnt sich! Es sind immer nur – im ‚Plauderton vorgetragene‘ – theologische Assoziationen. Rahner ist nicht im Schnelldurchgang zu haben, es gibt keinen ‚Rahner – light‘. Darum sind auch die Zwischenüberschriften oftmals Anspielungen auf Werke Karl Rahners oder einfach Gedanken, die von ihm stammen oder mit ihm zu tun haben. Wichtige Werke Karl Rahners wurden im Text *kursiv* gedruckt, ebenso längere Textpassagen von Rahner und anderen Autoren. Die Namen prominenter Theologen wurden mit den Anfangsbuchstaben des Vor- und Nachnamens gekennzeichnet. Ein kleiner Anhang liefert die wichtigsten Daten.

Johann Baptist Metz fragte einmal: „Fehlt uns Karl Rahner?"[8] Ich würde heute, im Jahr 2023, sagen: Ja, er fehlt uns sehr. Darum müssen wir versuchen, ihn (wieder) zu finden, ihn uns wieder neu ‚anzueignen‘. Rahner ist – auch das sei gleich zu Beginn gesagt – nicht zu kopieren. Man kann ihn nicht 1:1 in das Heute, in‘ s Hier und Jetzt übernehmen. Wichtig(er) sind seine Impulse, seine Anregungen, die die Weite und Tiefe des Katholischen dokumentieren, die nie engführen, sondern öffnen. Rahners Theologie kann uns

---

[8] Karl Rahner in Erinnerung" Düsseldorf 1994, 85 ff

zweifachen Mut machen: Der Weisheit des Glaubens zu trauen und uns – gerade deshalb – dem Neuen zu öffnen, neue Wege zu beschreiten, weil der Glaube nicht in' s Museum gehört, sondern in Gegenwart und Zukunft – und zwar an allen Orten – gelebt wird. Und zwar deshalb, weil Vergangenheit, Gegenwart und Zukunft SEINE, Gottes Zeiten sind, der uns einlädt, sie mitzugestalten in Glauben, Hoffnung und Liebe.

Schwerin, den 16.09.2023

Rudolf Hubert

Brief Karl Rahners an einen Christen von heute und morgen

„Das Schiff im Sturm"[9]

Mein lieber guter Freund, wie sehr freue ich mich, dass ich Dir heute wieder schreiben kann. Dabei kann ich – wie auch im vergangenen Brief – wieder auf Deine Fragen eingehen, die Dich – so nehme ich es wahr – wieder einmal sehr umtreiben. Und wie auch nicht? Ich sehe, die Kirche bei Euch ist heute in einen mächtigen Sturm geraten. Ich kann nur von fern ahnen, wie es bei Dir zugehen mag, denn ich weiß ja, dass Dich die Liebe zu dieser Kirche gerade dann in arge Nöte treibt, wenn sie – wieder einmal – ‚am Pranger steht'.

Erinnerst Du dich an meine Meditation *„Das Schiff im Sturm-MT 8, 23-37?* Du kannst sie leicht finden, denn – das hätte ich nie für möglich gehalten – alles, was ich geschrieben habe, kann man jetzt in den *Sämtlichen Werken* von mir finden. Wenn Du diese Meditation nicht findest – die *Sämtlichen Werke* sind ja meist nur auf den Universitäten und in den Bibliotheken zu finden – es gibt auch noch das Buch „Das *große Kirchenjahr"* von mir. Auch dort ist mein *„Schiff im Sturm"* zu finden. Ich wundere mich manchmal selbst, was man alles von mir ‚zusammengesammelt' hat. Dem guten A. R. aus Freiburg und vielen anderen fleißigen Helfern schulde ich großen Dank. Und denk' Dir nur, dieses Buch *„Das große Kirchenjahr"* wurde selbst hinterm ‚eisernen Vorhang', wie man damals zur

---

[9] Das große Kirchenjahr, Leipzig 1990, 378ff

Grenze in Deutschland und in Europa sagte, gelesen. Da gab es auch den lieben S. H., der sich immer wieder arg im damaligen ‚Osten Deutschlands‘ durchkämpfen musste mit ‚meinen Sachen‘.

Mit wem er kämpfen musste, fragst Du? Na, nicht so sehr mit den ‚Kommunisten‘, die hatten nur Angst um ihre Macht. Wenn Du nichts gegen sie gesagt hast, hatten sie meistens nichts auszusetzen und ließen Dich in Ruhe. Und ich weiß gar nicht, ob die immer so genau gewusst haben, was ich da theologisch ‚so verzapft‘ habe. Nein, nein, die waren nicht so sehr erpicht auf ‚theologisches Zeug‘, wie ich das damals manchmal genannt habe. Nur Reizwörter, wie Ideologie, Diktatur oder Weltanschauung – da wurden sie unruhig. Doch die damaligen ‚Kirchenmänner‘ und ‚Kirchenfrauen‘ hatten sich eine große Fähigkeit und Routine erworben im Umgang mit diesen Begriffen. Man verwendete andere, doch jeder, der wissen wollte, wusste meistens dann auch, was gemeint war. Nein, das ging alles relativ glimpflich ab, schwieriger waren damals eher unsere lieben Bischöfe Sie hatten damals sehr viel Angst, besonders eben im ‚Osten‘. Und sicher wird man ihnen auch zu einem guten Teil Recht geben: Wer in andere, so genannte ‚Ostblockländer‘ gereist ist, konnte ja sehen, dass die allmächtige Staatsmacht in der DDR vergleichsweise harmlos mit den Kirchen umging. Die Machthaber brauchten Geld, die so genannten Devisen. Und davon gab es im ‚Westen‘ genügend und im ‚Osten‘ zu wenig.

Ich war noch kurz vor meinem irdischen Ableben, im Jahr 1984, in Ungarn. Dort war das Verhältnis des kommunistischen Staates zur Kirche liberal im Verhältnis zu anderen osteuropäischen Staaten. Die ‚ostdeutschen' Bischöfe haben seinerzeit beispielsweise zu S. H. gesagt, weil er mein Büchlein (ja, es war wirklich nur ein Büchlein!) *Strukturwandel der Kirche als Aufgabe und Chance* weiterverbreiten wollte, dass künftig nur noch ‚geistliche Literatur' von mir erscheinen darf. Weißt Du, damals hab' ich mich über solche Aussagen von Bischöfen gewundert und auch geärgert. Heute kann ich darüber milde lächeln, wenn selbst kirchliche Autoritäten, wie wir das so zu nennen pflegten im ‚kirchlichen Sprachgebrauch', nicht wussten, dass meine beste Theologie in jenen Schriften zu finden ist, die häufig von Kollegen (nicht von mir!) meine spirituellen Schriften genannt werden. Da muss ich nicht alles gegen Einwände abschirmen oder mögliche Angriffe abwehren. Da konnte ich theologisch viel freier atmen und sagen, was mich im Innersten bewegt. Ich denke dabei besonders an *„Worte ins Schweigen"*, an das Büchlein *„Von der Not und dem Segen des Gebetes"* oder an *„Kleines Kirchenjahr."* Dass die Bischöfe das nicht wussten, hat mich damals sehr erstaunt und eigentlich tut es das noch heute, sogar hier bei all den heiligmäßigen Menschen, wenn wir darüber einmal reden.

Ein wenig lächeln müssen wir heute auch darüber, dass mein Buch *„Das große Kirchenjahr"* im ‚Osten' schnell wieder eingestampft werden musste. In Deutschland und in Europa gab es, wie Du sicherlich weißt, im Jahr 1989 eine große politische Veränderung. Und da hatte der Verlag, bei dem ich das Buch zuerst herausgab, einfach Angst, dass das Original nicht mehr gekauft wird. Es war ein sehr schöner, fester Einband seinerzeit, doch er war eben auch teurer als das Buch aus dem so genannten ‚Osten‘. Weißt Du, so war das damals. Heute können wir alle hier uns über diese Dinge nur wundern, dass man mit solchem ‚Zeug‘ noch Geld verdient. Aber auf der Erde ist das so eine Sache, wie hieß sie gleich? Ach ja, Marktwirtschaft. Und sozial sollte sie auch noch sein. Alles ist da irgendwie schwierig, weil so viele unterschiedliche Interessen aufeinanderstoßen. Mein großer Freund und Schüler, der mich ab und an auch reizte mit dummen Vergleichen wie dem Märchen vom Hasen und Igel[10], der gute J. B. M. hat darüber ja viel geschrieben in seiner ‚politischen Theologie‘. Mit ihm mochte ich mich gerne ‚streiten‘, dabei waren wir gar nicht weit auseinander. Aber reden konnte der, einfach toll. Das muss ich ihm einfach lassen und wenn wir uns heute sehen, sind wir beide gleich wieder in unserem ‚Element‘.

---

[10] Dazu Herbert Vorgrimler in „Wagnis Theologie", Freiburg-Basel-Wien 1979, 258

Kirche in der ‚Zeitenwende'

Was ich Dir aber eigentlich heute sagen möchte, (Ich merke es, ich bin schon wieder bei meinem Lieblingsthema, der Theologie – ich mag sie so gern, dass ich auch damals schon kein anderes Hobby hatte.), ist ziemlich einfach: Ärgere Dich nicht zu sehr über die Kirche. Wir alle hatten und haben ja unsere ‚Macken', die das Bild der Kirche (auch durch uns!) nicht gut aussehen lassen. Ich weiß, worüber ich rede, auch ich hatte damals so meine Macken und wollte das gar nicht so gern zugeben. Manchmal war ich arg ungeduldig, besonders in Würzburg damals. Mir ging die Entwicklung in der Kirche oft viel zu langsam voran.

Ja, ja, ich weiß, diese Missbrauchsfälle – das ist noch etwas ganz Anderes als Zögern und Zaudern. Es ist nur schlimm und schrecklich. Vor allem auch deshalb, weil bei diesen kriminellen Handlungen die Opfer fast nie im Blick standen – erst wenn der Druck von außen so groß wurde, dass es nicht anders ging. Wenn ich das alles lese oder höre, kann ich nur noch traurig sein. Ja, auch hier bei den vielen heiligmäßigen Menschen ist man darüber sehr, sehr betrübt. Ich wäre damals ‚fuchsteufelswild' geworden darüber. Mein großer Freund, der K. L, der ja auch ein großer Kirchenmann geworden ist, hat sehr unter all dem gelitten, was heute rasch mit ‚systemisch' bezeichnet wird. Und nun macht man ihm auch Vorwürfe… Was soll ich sagen? Damals war eine andere Zeit, sicher, aber solche Untaten waren, sind und werden immer das sein, als was sie bezeichnet werden müssen: Ein abgrundtiefes Unrecht an den Opfern, ein Vergehen an den oft Wehrlosesten und ein Missbrauch des großen Vertrauens, das man uns, besonders in der Kirche, aber auch außerhalb entgegenbrachte und z. T. immer noch entgegenbringt. Es ist einfach nur schrecklich, dass solches passierte und passiert, und noch heute trauere ich um die vielen unschuldigen Opfer. Mir versagt manchmal sogar hier die Stimme …

Ja, ich muss noch weiter ausholen auf Grund Deiner vielen Fragen und Klagen zu Gottes ‚Bodenpersonal‘. Natürlich, es ist gut, wenn Menschen für ihren Glauben sich Gott ganz zur Verfügung stellen. Ich habe damals den „Zölibat verteidigt.“[11] – und musste dafür auch Prügel einstecken, wie man das so salopp formulierte. Manch einer hat mir so etwas nicht zugetraut und meinte, jetzt ist der Karl aber doch zu konservativ. Trotzdem: Deine Frage ist nur allzu berechtigt, ob man ein Leben im Zölibat, also das Versprechen, ehelos zu leben, wirklich so absolut voraussetzen muss, um Priester oder Bischof zu sein, wie das lange Zeit gängige Praxis war. Heute ist das ja gottlob vorbei. Heute hat unsere Kirche ganz selbstverständlich bewährte verheiratete Frauen und Männer, die als geweihte Menschen sich der Kirche zum Dienst zur Verfügung stellen. Die Menschen, die berufen sind zu einem Leben im Zölibat, die finden sich heute ja meistens in

---

[11] Vgl. beispielsweise Karl Rahner „Knechte Christi“, Freiburg-Basel-Wien 1968, 176 ff

den Klöstern und Orden. Mein Freund, J. B .M. hat seinerzeit die wichtigen Gedanken hierzu in *Zeit der Orden?*[12] zusammengefasst.

Damals habe auch ich meine Zweifel am Stellenwert des Zölibats laut geäußert. Gerade weil ich ihn schätzte. Doch ihn unmittelbar mit dem Weihesakrament, und zwar ausschließlich, bei Priestern und Bischöfen zu verbinden, das fand auch ich falsch, weil die Zahl der Berufenen nicht identisch ist mit der Zahl derer, die die Kirche als Priester und Bischöfe benötigte bzw. benötigt. Gehört wurde ich seinerzeit nicht. Doch heute werden meine Gedanken ganz selbstverständlich umgesetzt, denn natürlich ist die Feier der Eucharistie für die Kirche viel wichtiger als das Leben im Zölibat. Und wenn nicht genug Priester da sind, dann muss man eben etwas ändern. So hab' ich in früherer Zeit argumentiert: Man darf Gemeinden nicht allein lassen. Die Eucharistiefeier ist das Wichtigste in der Kirche.[13]

So war das also damals. Gottlob ist diese Zeit überwunden, denn viele Rüffel habe ich mir eingehandelt, weil ich eben ‚meine Klappe nicht halten konnte'. Auch nicht bei der Frage der Frauenordination. Heute könnt Ihr darüber müde lächeln, doch damals war das wirklich eine heikle Sache. Ich habe auf Kirchentagen und auch auf der Synode in Würzburg gesagt, dass es dogmatisch gar nicht hinreichend zu begründen ist, Frauen kategorisch vom Weihesakrament

---

[12] Metz „Zeit der Orden?" Topos – Taschenbuch 2014

[13] Karl Rahner „Strukturwandel der Kirche als Aufgabe und Chance", Freiburg-Basel-Wien 1972, 117

auszuschließen.[14] Und ich habe auch die Erfahrung machen müssen, dass man dies nicht so gern gehört hat. Etliche meiner Schülerinnen und Schüler mussten es ‚ausbaden‘, indem sie nicht Bischof wurden, obwohl sie ‚das Zeug dazu hatten‘. Und manch‘ eine und einer der guten und lieben Leute hat mir geraten: „Karl, nun ist‘ s genug, nun halt‘ endlich auch Du ‘mal den Mund.“ Sogar meine liebe Mutter nahm mich einmal zur Seite und sagte: „Karl, wir sind doch beide jetzt alt. Besser ist es, wir schweigen und lassen die Jüngeren ‘ran.“

Ja, meine Mutter wusste, dass ich den Mund nicht gut halten konnte. Das konnte ich ja wirklich nicht. Weißt Du auch warum? Meine Mutter ahnte es mehr, als dass sie es wusste und aussprach. Aber es ist doch so gewesen: Ich sagte immer wieder zu den vielen Kritikern der Kirche: „Menschenskind, es ist doch unsere Kirche, die es sich ohne Not selber so schwermacht, besonders in Sachen Glaubwürdigkeit.“ Und denk‘ Dir, manch‘ einer hat damals sogar gesagt, ich würde die Kirche zerstören. Es gab so eine Zeitschrift, die hieß ausgerechnet *Theologisches.* Dort wurde ich regelrecht verurteilt. Gut, dass es zu dieser Zeit keine Scheiterhaufen mehr gab. Manch‘ einer hätte mich dort gern gesehen. Aber das ist alles längst vorbei. Und es ist hier auch alles vergeben und verziehen. Wie sollte es bei IHM auch anders sein? Ja, selbst diese – wir sagten damals etwas gehässig ‚selbsternannten Glaubenshüter‘ wollten doch auch etwas

---

[14] Karl Rahner „Strukturwandel der Kirche als Aufgabe und Chance“, Freiburg-Basel-Wien 1972, 121

Gutes: Dass die gute Botschaft nicht, wie sie sagten, verwässert wird. Daran ist sicherlich etwas Wahres, doch glaub' mir, diese generellen Verdächtigungen und diese ‚Abrechnung‘, wie einige meiner Kritiker es nannten, haben mir sehr zu schaffen gemacht.

Ja, Du weißt sicherlich, dass ich darunter sehr gelitten habe, weil es sehr wehtat, zu sehen, wie sehr dies alles der Kirche schadet und wie viele in den Kirchenämtern das nicht sahen oder nicht sehen wollten. Doch getröstet hat mich seinerzeit, dass ich wusste (und erst recht heute weiß!) dass viele Menschen das anders gesehen haben. Diese Gewissheit hat mich sehr getröstet. Heute ist das ja alles vergeben und vergessen, sehr zur Freude meines lieben Freundes H. V, der sich darüber manchmal sehr aufgeregt hat. Wenn Du noch 'rankommst an das Buch, ich glaube, es hat den Titel „*Wagnis Theologie*“, dann kannst Du nachlesen, wie hoch auch damals mitunter die Wogen schlugen.

Kirche des Konzils

Ja, ich danke Gott dafür, dass ich kein „zorniger alter Mann"
geworden bin, obwohl mich sogar jemand in' s *Kreuzfeuer*[15] nahm
und meinte, ich würde Irrlehren verbreiten. Das hatten nicht einmal
die Leute seinerzeit in Rom gesagt oder geschrieben. Und die
konnten Theologie, die wussten darin absolut Bescheid! Darum
verstanden wir uns ja so gut auf dem Konzil im 20. Jahrhundert. Die
Scholastik war ihnen wirklich heilig und die Neuscholastik war in
ihrer Stringenz und Klarheit oft auch besser als ihr Ruf. Darum
verstanden wir uns in Rom bei den vielen Diskussionen so prächtig,
besonders wenn sie auf Latein geführt wurden. Da war ich dann
wirklich in meinem ‚Element'. Und so manch' einer hat dann schon
merken können, dass ich mit all meinem Reden und Schreiben doch
nur eines wollte: Der Kirche dienen. Selbst der Chef der obersten
Glaubensbehörde (ich habe sogar schon ihren Namen vergessen),
aber an den netten Herrn – er war ja damals einer der höchsten Kar-
dinäle – kann ich mich noch lebhaft erinnern. Wir haben in seinem
großen Auto sogar einmal zusammen den Rosenkranz gebetet.
Leider konnten wir uns bisher nur wenig unterhalten, er kennt ja hier
so viele andere Leute. Ja, mein Lieber, heute ist es Teil der Freude
bei IHM und mit IHM, solche Sachen mit einer guten Portion
Gelassenheit (die ich damals auch nicht hatte! Darum verstehe ich
Dich doch so gut!) anzuschauen und uns auch manchmal darüber

---

[15] Heinz-Jürgen Vogels „Rahner im Kreuz-Verhör", Bonn 2002

etwas zu amüsieren. Vielleicht haben wir manche Sachen auch übertrieben und wollten Theologie wie Mathematik betreiben. Richtig daran war ja, dass auch in der Theologie nicht scharf genug gedacht werden kann. Aber dass wir mit IHM dabei zu tun bekommen, das war und ist immer SEIN GESCHENK. ER IST DAS UNBEGREIFLICHE GEHEIMNIS, das alles trägt und dass wir auch hier nicht ‚enträtseln'. Ganz im Gegenteil, heute weiß ich, wie kleinlich auch ich damals von IHM dachte, dem man sich doch nur voller Vertrauen in die Arme werfen kann. Denn ER ist ja da und aus SEINER Liebe fällt nichts und niemand heraus, der nicht ganz bewusst und entschieden herausfallen will. (Von wem könnte man das denn überhaupt sagen, dass er die Liebe der Lieblosigkeit vorzieht? Das ist ja völlig sinnwidrig, so zu tun, als ob es auch nur ein sinnvolles Argument für Hoffnungslosigkeit anstelle von Hoffnung gibt. Oder für Lieblosigkeit anstelle von wahrer Liebe. Aber ich will Dich nicht damit langweilen. Sonst sagst Du gleich wieder: „Nun fängt er wieder mit seiner ‚transzendentalen' Analyse an. Nein, nein, keine Angst!)

Doch ich will nicht ungerecht sein, es gab damals und es gibt auch heute wirklich gute Bischöfe in unserer Kirche. Der Begriff ‚Amts-kirche', der auch von mir gebraucht wurde, kann selbstverständlich auch falsch verstanden werden. Es ist kein gutes Wort, denn Kirche wird von allen Gläubigen gebildet. Weißt Du, ich habe damals sogar gesagt – und eigentlich denke ich das heute auch noch – dass Gott es doch sehr gut mit mir schon damals meinte. Warum, fragst Du? Na, weil er mir eben nicht so ein schweres Amt wie das eines Bischofs oder Abtes übertragen hat. (Und lächle ruhig ein wenig über meinen ‚Ordinariats Rat‘ damals in Wien. Ich muss auch ab und an darüber lachen. Mein lieber Bruder H., der hatte das Zeug dafür, sogar zum Rektor an einer Universität oder Fakultät, genau weiß ich das auch nicht mehr. Aber ich doch nicht. So falsch war der Rat meines Religionslehrers mit der Schusterlehre nun auch nicht, denn all die großen ‚Events‘, wie Ihr das heute nennt, das war meine Sache nicht.)

Aber noch einmal zurück zur Stimmung damals. Diese furchtbaren Seilschaften, die es eben auch gibt, sie haben mich einmal fast ganz zum Schweigen gebracht und wollten mir ‚an‘ s Leder‘, weil ich angeblich nicht die richtige Theologie verbreite. Oh ja, das war auch für mich schlimm, sehr schlimm sogar. Aber ich merke, ich wiederhole mich. Vielleicht weil es wirklich so schlimm war und mein guter Bruder H. hatte es in dieser Zeit mit mir auch wirklich nicht einfach. (Er hatte ja damals schon seinen sprichwörtlichen Humor und konnte immer so gut mit den Menschen umgehen. Das hat ihm sehr geholfen). Denn Gott hat mir diesen Bruder wohl sehr bedacht an die Seite gestellt. Für seine Geduld mit mir war ich ihm sehr dankbar. Denk‘ Dir, das habe ich ihm auch einmal direkt gesagt, obwohl wir Jesuiten sonst sehr sparsam sind mit dem ‚Ausplaudern‘ von Gefühlen. Das liegt uns irgendwie nicht so. Ach ja, mein lieber Bruder H.; als er damals von uns ging, war ich so sehr traurig.

Heute weiß ich, dass er auch hier und heute sehr viel Gutes tut. Ich mag ihn so sehr, auch hier bei den vielen Heiligen, zu denen der gute H. mit Sicherheit zählt.

Gott sei Dank, das Konzil im 20. Jahrhundert war doch im Großen und Ganzen ein Gewinn für die Kirche seinerzeit, dass sie aus ihrem Schneckenhaus endlich herauskam, dass sie von Gottes Liebe (endlich) groß dachte und dass sie anerkannte, dass alles, was an Gutem geschieht, immer auch (und vor allem!) etwas zu tun hat mit Gottes Liebe, mit Christus und mit seiner Kirche. Mich wollten sie damals so richtig ‚fertigmachen‘, weil ich etwas von einem „anonymen Christen" sagte. So recht wollten sie nicht hören, dass es mir dabei gar nicht auf die Begrifflichkeit ankam. Doch gab es damals eine bessere? Gibt es heute eine bessere? Ich bin da nicht mehr so auf dem Laufenden. Mir ist damals jedenfalls keine bessere Begrifflichkeit genannt worden. Auch nicht von meinem Freund Urs, der mich mit seinem Buch „*Cordula oder der Ernstfall*"[16] doch so richtig geärgert hat. Er konnte bei dieser Sache eigentlich nur ‚meckern‘, verstanden hat er mich nicht und eine bessere Begrifflichkeit fand er damals auch nicht. Ich glaub‘, wir beide haben gar nicht mehr miteinander geredet. In seinem Buch über Karl Barth jedenfalls hat er genauso geschrieben wie ich.

---

[16] Hans Urs von Balthasar „Cordula oder der Ernstfall", Einsiedeln 1966

Und erst in seinem Buch *„Die Gottesfrage des heutigen Menschen"*[17] Wenn wir, der Hans Urs und ich, uns heute sehen, dann denken wir beide, dass wir damals richtige Kindereien gemacht haben. Denn in der Sache waren wir uns natürlich einig. Es ging ja gar nicht anders, weil das Konzil von einem allgemeinen Heilswillen sprach, der wirksam ist und nur am bewussten Nein des Gewissens eine Grenze findet. Doch noch einmal: Wer tauscht Liebe und Hoffnung gegen Lieblosigkeit und Hoffnungslosigkeit? Und doch: Der Streit mit dem lieben Urs war für die Kirche insgesamt wohl sehr schwer auszuhalten. Heute gibt der Urs das mit einem netten Lächeln ja auch zu, aber damals hat er mich doch ganz schön gekränkt. Und vielleicht war ich einfach auch so eine kleine Mimose. Mein Bruder H. hätte das so sicherlich damals zu mir gesagt. Er hätte gesagt, dass der Urs sich schon noch besinnen wird, weil wir doch eigentlich einig sind in der Sache.

Aber noch ein ganz klitzekleines Wort zu diesem Streit. Der zog damals große Kreise. Bis hin nach Rom. Und mein lieber K. L. wollte immer, dass ich antworte und meine Grundlagen bedenke. Als ob ich das nicht längst gemacht hätte. Nein, ich habe nicht auf Urs geantwortet, weil ich das nicht wollte. Meine Kraft sollte der Kirche dienen, nicht so einer Sache, die eigentlich klar war. Und was hat der gute L. gemacht? Er beauftragte einen seiner begabten Schüler damit,

---

[17] Hans Urs von Balthasar „Die Gottesfrage des heutigen Menschen", München-Wien 1956

meine ‚anonymen Christen‘ doch noch einmal genauer unter die Lupe zu nehmen. Herausgekommen ist dabei ein ziemlich umfangreicher Band, ich glaube, er trägt den Titel: *„Gnade und Welt“*[18]. Vielleicht kennst Du den Autor sogar persönlich, er ist oder war – so genau weiß ich das auch nicht – bei Euch im Norden als Weihbischof tätig. Er hat so einen schönen Vornamen *Nikolaus.* Der hat damals eine richtig gute Antwort dem Urs in diesem dicken Buch gegeben. ‚Angestiftet‘ hat ihn dazu, wie gesagt, mein ‚Kardinalsfreund‘, der nachher Bischof in Mainz war. Weißt Du, heute müssen wir alle zusammen über so etwas herzlich lachen.

Also, manche Sachen sollte man wirklich nicht zu ernst nehmen. Denk‘ z.B. auch an den guten *Hans a*us der Schweiz, der sehr viele Jahre in Tübingen lehrte. Dass ich damals etwas gesagt habe gegen seine Papstkritik, das hat auch er nur schwer verwinden können. Denn in der Begrifflichkeit hatte er ja schon etwas Wahres getroffen. Wer ist auf der Erde schon ‚unfehlbar‘? Aber es ging ja eigentlich um ganz etwas Anderes. Darum musste ich mich äußern, auch wenn ich heute weiß, wie sehr der Hans damals gelitten hat. Er sagte einem guten Freund: „Jetzt fällt der Rahner mir auch noch in den Rücken.“ Doch die Sache war zu wichtig, denn es ging im Kern darum, dass eben Gottes Geist seine Kirche im Allerletzten nicht verlässt. Und dass sie das auch sagen (können) muss.[19]

---

[18] Nikolaus Schwerdtfeger „Gnade und Welt“, Freiburg-Basel-Wien“ 1982

Gott sei Dank ist das alles lange her und heute können wir nur noch schmunzeln über diese ‚theologischen Albernheiten‘ und manchmal auch Eitelkeiten. Denn hier kommen wir ja alle gut miteinander aus. Da gibt es keine Titel und so etwas, worauf auf der Erde immer so viel Wert gelegt wurde und – zu allem Überdruss – noch wird. Das sind alles, glaub‘ es mir, Albernheiten und Kindereien.

---

[19] „Zum Problem Unfehlbarkeit“- Antworten auf die Anfrage von Hans Küng, Herausgegeben von Karl Rahner

„Strukturwandel der Kirche als Aufgabe und Chance"

Aber ich wollte Dir doch noch etwas schreiben zu Deiner Situation heute in Deutschland. Manchmal komme ich wirklich zu viel in's Plaudern. Sieh' es mir bitte nach. Also, die Situation der Kirche in Deutschland – so, wie Du sie erlebst - ist ziemlich ähnlich der von 1972, als ich noch bei euch weilte und mich ärgerte, dass in Würzburg viele gute Leute Vieles versuchten und den „Wald vor lauter Bäumen" nicht sahen. Ein Grundkonzept musste her und ich habe dann eines geschrieben. *„Strukturwandel der Kirche als Aufgabe und Chance"*. Was mich sehr gefreut hat, dass mein Schüler J. B. M. – ich sprach ja schon von ihm - seinerzeit ein feines Vorwort für eine zweite Auflage geschrieben hat. (Übrigens stammt das wunderbare Abschlussdokument der Synode *Unsere Hoffnung* auch von ihm.)[20] Und eine dritte Auflage zu meinem *Strukturwandel* – ebenfalls mit einem lesenswerten Vorwort ist unlängst bei Euch herausgekommen. Und ich höre, dass auch im Norden Deutschlands Pater Sch. häufig Bezug nimmt auf meinen *Strukturwandel* bei seinen Überlegungen zu den Pastoralen Räumen im Erzbistum Hamburg. Na, und in den *Sämtlichen Werken* kannst Du meinen *Strukturwandel* selbstverständlich leicht finden. Genau weiß ich den Band nicht mehr, es sind ja so viele. Aber Du wirst es finden, wenn Du im Register-Band nachschaust. Dort ist ja alles ganz übersichtlich

---

[20] Johann Baptist Metz „Lerngemeinschaft Kirche"/ Gesammelte Schriften, Band 6/2,30 ff

gegliedert. Wie der gute A. R. das alles hinbekommt, wie fleißig und genau der ist – ich bewundere ihn sehr und möchte ihm immer wieder von neuem Danke sagen, denn auch beim *„Grundkurs des Glaubens"* war er mir eine ganz große Stütze.

Allerdings: Hinterm ‚eisernen Vorhang', wie man die innerdeutsche und innereuropäische Grenze damals banalisierend genannt hat (Sie war in Wirklichkeit ein scheußliches Monstrum und hat Menschen getrennt und sehr viel Leid verursacht.) hat mein lieber Schüler und Freund S. H. viele Scherereien – gerade wegen dieses Büchleins bekommen. Aber das habe ich ja schon erzählt. Ich glaubte damals und glaube heute, dass das alles so falsch nicht war, was ich da geschrieben habe. Vielleicht haben es manche geahnt, die in der Kirche Verantwortung trugen. Umsonst bekam ich ja diese Scherereien nicht und man hat das kleine Buch ja mit Bedacht zunächst ignoriert. Und wenn ich heute sehe, wie es bei Euch so zugeht und was Du mir berichtest und worüber Du klagst, dann glaube ich, kann man einige Dinge doch noch aus diesem Büchlein übernehmen. Beispielsweise die Sachen zum Amt in der Kirche und überhaupt einiges zur Kirche. Vielleicht dazu nur noch so viel: Weil ER der Herr der Kirche ist (und bleibt!) und weil Kirche nie ohne Amt sein wird, braucht Ihr Euch weder um die Kirche noch um das Amt in ihr ernsthafte Sorgen zu machen oder gar Ängste zu haben. Bei der Frage der Kirchenentwicklung wünsche ich mir allerdings auch heute noch mehr Mut der Bischöfe, die doch sonst durchaus um ihre ‚Vollmacht‘ wissen. Längst gibt es doch Menschen in den Gemeinden, die priesterlich wirken. Warum seid ihr nur so ängstlich? Ihr tut manchmal so – ich habe mich damals darüber auch sehr geärgert – als ob Gottes Geist nur ganz ängstlich und schüchtern sich zu erkennen gibt. Täuscht euch nicht, heute weiß ich es noch viel besser als damals, welch kleinliche Vorstellungen die Theologen – auch ich damals – sich von Gottes Geist machen. Dabei haben schon die ersten Jünger ein Brausen und eine Macht erfahren, die alles umstürzte. Ihr werdet euch noch wundern, was Gottes Geist mit Euch noch alles vorhat. Also, ‘raus aus den engen Stuben und in‘s Weite. Ihr sagt es und betet es doch immer: „Er hat uns nicht einen Geist der Verzagtheit gegeben.“ Darf ich so ehrlich sein? Ich spüre manchmal nicht sehr viel von Eurem Mut. Dann schon eher etwas vom „Geist der Verzagtheit.“

Dabei wird gerade heute dieser Mut zur Veränderung und Entscheidung so sehr gebraucht. Gerade auch im Umgang mit dem vielbeschworenen ‚Zeitgeist‘. Manchmal wird nämlich vor lauter Eifer ‚das Kind mit dem Bade ausgekippt‘. Da muss man sicher behutsam(er) sein. Denn so wichtig es ist, Menschen, die füreinander einstehen und Verantwortung tragen, rechtlich abzusichern und nicht zu diskriminieren: Die Ehe ist und bleibt ein Sakrament, also Zeichen und Werkzeug SEINER Zuwendung. Da geht mir heute sehr vieles oft durcheinander. Wie oft musste ich mir anhören: „Karl, wer kann deine vielen Differenzierungen denn lesen und verstehen?! Geht es nicht auch ein bisschen einfacher?" Gespöttelt wurde, dass mein Bruder H. erzählt hätte, er würde im Alter meine Werke in's Deutsche übersetzen. Da musste ich mich 'mal wehren und sagen: „Ja, wenn er mein Geschriebenes denn auch versteht." Du siehst, manchmal verstehen wir Jesuiten auch Spaß. Und mit meinem Bruder H. ging das allemal.

Ja, ich weiß heute, dass manches vielleicht etwas kompliziert ausgedrückt wurde von mir. Aber ich glaube, ich war nie unklar. Und bei Eurer Gender-Debatte geht mir tatsächlich auch vieles durcheinander. Da ist viel guter Wille, aber es fehlt – wenn ich es einmal so deutlich sagen darf – oft an begrifflicher Klarheit. Denn: Es ist nicht alles gleich. Und es gibt auch eine falsch verstandene Toleranz. Mitunter kommt es mir bei einigen Diskussionen, die ich verfolge (so viele sind es nicht, die ich näher betrachte, aber einige schaue ich mir doch an.) so vor, als ob mit allergrößter Intoleranz die Toleranz eingefordert wird. Mir scheint das ein Indiz dafür zu sein, dass Menschen von heute tatsächlich beides sind: Sie sind auf der Suche, wissen aber oft weder, was und wo sie suchen sollen. Aber ich bin zuversichtlich, dass Ihr das hinbekommen werdet. Hier ist Euch als Kirche (wie auch in der Kirche!) manchmal die Rolle des Propheten zugedacht. Das Leben der Propheten, das wisst Ihr am besten, war ja nie leicht. Darum wünsche ich Euch, dass Euch Mut und Zuversicht immer begleiten!

„Kirche wirklicher Spiritualität"

Und dann denkt an die Spiritualität. Auch darüber habe ich geschrieben: Müht Euch um eine Mystagogie, die wirklich vor das Geheimnis Gottes führt, die Gott nicht für den Menschen ‚verbrauchen' will. Helft mit, dass Menschen sich nicht zu behaglich im Endlichen einrichten, sondern dass sie im Leben (und nicht nur in der Theorie!) existentiell sich dem Abgrund Gottes stellen, weil SEINE Liebe aus aller Endlichkeit und auch Behaglichkeit herausreißt in das Feuer seiner unendlichen und unbegreiflichen Liebe. Ich möchte Dir an dieser Stelle eine kleine Hilfestellung geben, indem ich Dir Texte vorschlage, die ich auch heute noch für hilfreich halte:

„Was ist wirklich spezifisch am Christlichen? Es ist die Tatsache, dass es gerade keine Gesetzesreligion ist, sondern einen Erlösungsweg von Angst und Verzweiflung im Vertrauen auf Gott lehrt. Es erlässt keine neuen Gebote, sondern schafft allererst die Voraussetzung >>gut<< im moralischen Sinne sein zu können...Kant wusste...in der Lehre von seinen >>Postulaten<<...dass eine solche ethische Einstellung möglich wird, hängt ganz und gar an einem Kreditiv der Religion. Ethik ermöglicht sich in ihrem Kern nicht selber, sondern damit wir den Einzelnen, das Zufallswesen Individuum, absolut stellen können und sollten gegenüber jeder Entfremdung, gegenüber jeder Verzweckung, brauchen wir die Zusprache, dass das individuelle Leben selber absolut ist im

Gegenüber jener absoluten Person, die wir soeben Gott nannten… gerade Immanuel Kant sah bereits deutlich, dass alle Ethik auf einer subjektiven Voraussetzung basiert, die nur die Grundannahmen der Religion zu bieten vermag."[21]

„Nachchristlich ist Atheismus in seiner konsequentesten Form das Postulat, der Mensch dürfe, um kein Entfremdeter mehr zu sein, sondern den >>positiven Humanismus<< zu erreichen, sich niemandem mehr außer sich selber verdanken, und auf dieses Ziel hin müsse der ganze wirtschaftliche und kulturelle Weltprozess zusteuern…Die Christen erleben wie keine Generation zuvor, wie zweideutig aller irdische Fortschritt ist…dem Menschen…je mehr materielle Macht ihm zufällt, desto mehr ballen sich die Machtblöcke – notwendig gegeneinander."[22]

„Die stille Resignation"…ist auch ein moralisches Postulat, von dem ich nicht einsehe, wie es ohne ausdrücklichen oder stillschweigenden Rückbezug auf Gott gerechtfertigt werden könnte. Warum soll ich eher still resigniert sein als wild protestieren, wenn doch letztlich die eine und die andere Haltung in den Abgrund stürzt, in dem nichts vor einem andern einen Vorzug beanspruchen kann?[23]

---

[21] Eugen Drewermann „Nur die Liebe lehrt uns glauben", Oberursel 2010, S. 20-22

[22] Hans Urs von Balthasar „Kleine Fibel für verunsicherte Laien", Einsiedeln – Trier 1980, S. 98-99

[23] Karl Rahner/Karl-Heinz-Weger „Was sollen wir noch glauben?", Freiburg-Basel-Wien 1979, S. 64

Und noch etwas, was mich betrübt: Erkennbar gibt es Menschen mit Amtsvollmachten, die überfordert und/oder ungeeignet sind. Ehrlich, sie tun mir richtig leid. Hier wünsche ich mir nicht nur die „Gabe der Unterscheidung" – sondern auch den Mut zur Entscheidung, auch 'mal ‚Amtsvollmachten' (eigentlich ein schreckliches Wort. Findet doch 'mal ein besseres, mir fiel damals allerdings auch kein besseres ein.) einzuschränken, zu begrenzen oder auch aufzuheben. Ich weiß, es gibt das ‚unauslöschliche Siegel oder Merkmal', wie es im ‚Theologendeutsch' wohl heute noch bei Euch heißt. Aber das muss doch hinzukriegen sein, denn wo es das Wohl der Kirche und auch des Einzelnen erfordert, muss es gehen. Vertraut doch endlich mehr auf SEINEN Geist!

Ich weiß, es ist wohl auch heute noch schwer mit dem *freien Wort in der Kirche,* zu dem ich schon in den 50-iger Jahren des vergangenen Jahrhunderts etwas geschrieben habe. Nun kennen meine Schreiben nicht mehr viele, in Innsbruck vielleicht einige oder in Freiburg, München oder Münster. Und sonst? Zu viele sind es nicht. An dieser Stelle und nur in aller Kürze: Natürlich bedarf es vor allem des Hörens auf das, was Getaufte und Gefirmte äußern, was sie beispielsweise für ihr Gemeindeleben brauchen. Nur so kann Kirche wirklich „Lernort des Glaubens" sein. Einer Eurer Bischöfe aus dem Norden hat mutig Gremien aufgelöst und an deren Stelle so genannte

‚Resonanzgruppen[24]‘ verschiedener Milieus und Gruppierungen gebildet. Gut und schön, aber wer da hinein berufen wird, darauf kommt es an. Man sollte klug sein, auch bei solchen pastoralen Experimenten, und genau hinschauen, um nicht Aktionismus und Lobbyismus Vorschub zu leisten. Ich will konkret werden: Beispielsweise wird ständig bei Euch von Strukturen, von diözesanen Strukturen gesprochen. Wo bleibt vor allem das subsidiäre Element, das, was die katholische Weltkirche auszeichnet, nämlich, dass sie wirklich ‚in jedem Winkel der Erde‘ quasi ‚zu Hause ist‘. „…bis an die Enden der Erde“ und nicht nur in einigen wenigen Zentren. Ich weiß, dass es einen stärkeren Fokus auf urbane Strukturen gibt und dass vor allem eine ‚flächenmäßige pastorale «Versorgung»‘ unmöglich ist. Das war sie schon vor über 50 Jahren, da hab‘ ich mir damals den Mund ‚fusselig‘ geredet, gehört hat es kaum einer der ‚Vollmächtigen‘. Befolgt erst recht nicht! Mir riss die Geduld, ich schimpfte deshalb damals und sprach von der ‚Amtskirche‘. In diesem Zusammenhang meinte ich einen engen und ängstlichen Konservatismus in der Kirche, der nur bewahren, nicht aufbrechen will. Der Geist von Pfingsten hält es nämlich nicht aus, eingesperrt zu sein. Mit tut es heute aufrichtig leid, dass ich, als ich einen Preis erhielt – den Romano Guardini Preis – ausgerechnet dort, bei dieser Veranstaltung, meinem Ärger über die Ängstlichkeit in der Kirche

---

[24] Aus Ihnen sind die Gremien Pastoralkonferenz und Caritaskommission hervorgegangen. Der Wirtschaftsrat der Diözese war ohnehin ‚gesetzt‘, ebenso der Priesterrat.

‚Luft machte'.[25] Das war nicht fair von mir. Und klug war es auch nicht, weil es gute Freunde verletzt hat. Das Gute ist heute für mich, dass das alles vergeben und vergessen ist und wir auch darüber – und zwar zusammen – schmunzeln, ja mitunter uns sogar freuen können. Aber damals war es eine unglückliche Situation, die mir im Nachgang sogar peinlich war. Da wird jemand geehrt und der hat nichts Besseres zu tun als ‚Krach zu schlagen.'

Du siehst, es geht in der Kirche immer wieder auch 'mal etwas turbulent zu. Aber gemach, es kommt dann auch die Zeit, wo man den anderen besser versteht oder besser verstehen lernt. Denn die Frage war und ist ja nicht entschieden, ob ich in der Sache nicht doch, zumindest ein bisschen, Recht hatte. Einfach deshalb, weil man sich weigerte, die Augen aufzumachen und nötige Reformen einfach leugnete. Viele Möglichkeiten, die wir damals noch hatten, habt Ihr – aus eben diesem Grunde – heute eben nicht mehr. Umso wichtiger ist es, wenn man schon den Fokus auf Metropolen (aus guten Gründen!) legt, – ich sprach damals von ‚Oasen' – (endlich auch!) eine pastorale ‚Strategie für die Fläche' zu erarbeiten. Wir dürfen immer mit dem Heiligen Geist rechnen, aber er nimmt uns doch nicht das ab, was wir zu leisten imstande sind und es deshalb auch zu tun haben.

Und wenn ich Dir noch eines an' s Herz legen darf: Betet, auch für die Kirche und all jene, die in ihr ein Amt bekleiden. Glaub' mir, es

---

[25] Karl Heinz Neufeld „Die Brüder Rahner" – Eine Biografie, Freiburg -Basel-Wien 2004, 350

ist nicht einfach. Und: Gebt nie die Hoffnung auf, denn es ist und bleibt SEINE Kirche. Ich habe dazu einmal etwas geschrieben, was ich Dir mit auf den Weg geben möchte. Es ist nicht lang, nur zwei Sätze. Ja, ich weiß, auch die sind bei mir lang. Aber schau genau hin, Wort für Wort. Ich glaube auch heute noch, dass es eigentlich nicht einfacher zu sagen ist, wenn man die Sache nicht vereinfacht. Du findest den Text natürlich auch in den *Sämtlichen Werken.* Der Einfachheit halber gebe ich ihn Dir gleich jetzt mit.

„Ein Auszug aus der Wahrheit der Kirche, aus ihrer Botschaft von dem lebendigen, bergenden Geheimnis, das wir Gott nennen, aus der Hoffnung des ewigen Lebens, aus der hoffenden Teilnahme an dem Tode Jesu, der sich hoffend und liebend in dieses Geheimnis Gottes fallenließ, aus der Gemeinschaft der Liebe, Kirche genannt, aus der Annahme der Vergebung unserer Lebensschuld, kurz, aus alldem, was Kirche heißt, würde den Menschen nicht in ein größeres Reich des Sinnes, des Lichtes, der Freiheit und der Hoffnung führen. Ein solcher Auszug wäre eben doch nur entweder ein Sich-fallen-Lassen in eine dumpfe Dunkelheit der Skepsis und des billigen Relativismus oder der fragwürdige Versuch, allein aus den geringeren Resten von Sinn, Licht und Mut, die noch bleiben, zu leben, ohne dass man eigentlich sieht, warum diese Reste mehr Zustimmung und Vertrauen

verdienen als jene Fülle des Sinns, der in der Kirche gegeben und lebendig ist. "[26]

Wenn ich heute noch bei euch wäre, würde ich keinen ‚Strukturwandel' mehr schreiben. Dann eher „Vertraut den neuen Wegen". Es ist schön, dass ihr das Lied so gern singt. Doch singen allein reicht nicht. Zu ‚neuen Wegen' gehören regionale Unterstrukturen, denn es kann doch nicht sein, dass flächenmäßig riesige Pfarreien, besonders im Osten und Norden eures schönen Landes entstehen, es immer weniger Menschen in der Kirche gibt und über all die Fragen, die die Menschen bewegen, nur noch auf der Bistumsebene oder Pfarreiebene geredet wird. Selbst ‚Resonanzgruppen' können eines eben nicht: Verbindlichkeit, Verlässlichkeit und geregelten Austausch kontinuierlich gewährleisten. Dazu gehört übrigens auch (und vor allem!), in der Fläche ‚Leuchttürme' aufrechtzuerhalten, zu stärken und als Identifikationspunkte wertzuschätzen. Überhaupt denke ich: Heute gibt es so große Flächen, wann endlich begreift Ihr – oder besser die kirchliche ‚Obrigkeit' – dass die Unterschiedlichkeit den Reichtum der Ortskirche abbildet? Manchmal möchte ich denen ‚von oben' regelrecht ‚auf' s Dach' steigen, so sehr ärgert es mich – selbst hier im Himmel, wo der Ärger wirklich nur ganz kurz anhält – wie

---

[26] Karl Rahner „Schriften zur Theologie", IX, Einsiedeln-Zürich-Köln 1970, S. 489; auch in SW, 24/1, S. 189-202; auch im Jahreslesebuch von Karl Rahner „Unbegreiflicher- so nah", Mainz 1999, S. 119 (31. Juli)

schnell von Zentralisierung die Rede ist und man über Netzwerke zwar spricht, sie aber nicht ernsthaft unterstützt?

Ja, ja, ich höre Eure Bischöfe schon klagen: „Wie soll das denn gehen, wo wir so wenige Priester habe?" Warum wird nicht – endlich! – von Seiten der kirchlichen Hierarchie ausdrücklich betont: Dort und dann, wo eine Teilnahme an der sonntäglichen Eucharistiefeier nur möglich ist durch eine Teilnahme an einem Wortgottesdienst mit Kommunionspendung – dort und dann ist diese Teilnahme genau deshalb auch integraler Bestandteil der sonntäglichen Eucharistiefeier des Volkes Gottes!? Wann – endlich – fällt dieses klärende Wort, das viel Entlastung für alle Seiten schafft und dem Gottesvolk die Teilnahme an der „Quelle und dem Gipfel" allen kirchlichen Lebens mit gutem Gewissen beschert, auch eben dort, wo ein geweihter Priester nicht – wie Ihr es heute so eigenartig sagt – ‚in Präsenz' anwesend ist. Wenn ich Eure Situation aus der Distanz recht beurteile, wird es auch in absehbarer Zeit in einigen Bistümern wohl weiterhin keine geweihten Priesterinnen geben und auch beim Zölibat sind bei einigen Bischöfen noch immer die sprichwörtlichen ‚Fronten verhärtet'. Weißt Du, was mich schmerzt und warum ich in der Fürbitte-Abteilung von Petrus schon eine Dauerkarte erhalten habe? Ich sag' es Dir: Ich haben den Mut von einigen Bischöfen bewundert. Ich meine konkret die Sache mit dem synodalen Weg. Und ich bewundere manche, die sich ernsthaft Mühe geben. Und dann gibt es andere, die alles schlechtmachen, nur beim Alten verharren wollen und darauf pfeifen, ob die Verkündigung noch ankommt, ob das Volk, das getauft und mit SEINEM Geist gesalbt wurde, Mitsprache und Mitwirkungsmöglichkeiten hat. Ich flehe jeden Tag, dass endlich die Lieblosigkeiten aufhören. Und dann trete ich beschämt zur Seite und bewundere SEINE GEDULD, die er ja immer wieder mit uns hat und immer neu unter Beweis stellt.

Allerdings hoffe ich sehr – ja, Du wirst Dich wundern, dass man im Himmel auch noch Hoffnungen hat – Hoffnung für Euch, Ihr nennt es Fürbitte – dass Ihr bald andere Zugangsvoraussetzungen zum Amt in der Kirche bekommt. In allen Diözesen! Höchste Zeit wird es! Was Ihr strukturell braucht, ist nämlich eigentlich einfach. Ihr braucht lebendige Netzwerke, in denen die *„Gnade des Alltags"* erfahrbar ist! Darüber habe ich damals geschrieben. Und noch heute glaube ich, dass ich damit nicht falsch liege. Denn – wie lautet ein Buchtitel meines Wiener Freundes und damaligen Schülers P. Z. so treffend: *„Du kommst unserem Tun mit deiner Gnade zuvor."* Ja, Jesus hat schon zu seiner Zeit gesagt: „Kommt und seht". Dass damit verbunden sein muss, neue Beauftragte zu finden und zu schulen für die Verkündigung SEINES Wortes und die Spendung SEINER Sakramente und die bisherigen Dienerinnen und Diener der Kirche in ihrem Dienst zu bestärken, das wisst Ihr ja selbst am allerbesten.

„Von der Not und dem Segen des Gebetes"

Am Schluss, mein Lieber, kommt für mich aber noch das Wichtigste: Die Pastoral muss endlich wieder den Platz bekommen – und zwar überall bei Euch in der Kirche, der ihr zukommt, nämlich den ersten! Wenn alle Gremien in einem Bistum ruhen – außer dem Wirtschaftsrat – dann spricht das Bände! Da kann ich mich selbst hier im Himmel nur noch wundern! Und wenn ich auf all die Stellen sehe, die Ihr für Eure Immobilienreform geschaffen habt – zumal es ausschließlich um Rückbau geht und vor Ort eh' das Allermeiste zu leisten ist, und zwar ‚ehrenamtlich' – dann wird mir schwindlig. Ja, Du liest richtig, selbst hier in der Ewigkeit wird mir schwindlig vor Erregung. Frage: Wo zeigt sich denn bei Euch, dass der Glaube, das Glaubensleben wirklich vor aller Struktur, vor den Finanzen, kommt? Wo investiert ihr (noch) in Glaubensweiterbildung? Mir scheint, dass die ‚Investitionen' in das, was den Glauben ausmacht und dessen Weitergabe – besonders an die jüngeren Generationen – auf den Prüfstand zu stellen sind, weil kirchlicher Glaube ‚Kernaufgabe' und kein ‚familienerfrischendes Sahnehäubchen' ist. Ich weiß, das lässt sich jetzt so leicht sagen. Aber – schau' selbst in die Geschichte der Kirche des letzten Jahrhunderts – ich habe damals ziemlich laut ‚losgeschlagen' – geholfen hat es nicht viel. Aber ein wenig vielleicht doch. Es ist immer noch wahr und es bleibt wahr, dass das Wichtigste in der Kirche das Gebet ist. Und ich weiß, worüber ich spreche, denn es geht um *„die Not und den Segen des Gebetes."*

Weil ich weiß, dass Ihr heute – Gott sei Dank – Caritas ohne Kirche und Kirche ohne Caritas nicht denkt, gebe ich Dir zum Schluss meines kurzen Briefes zwei, drei Aussagen zum Thema Caritas, die ich früher einmal gemacht habe. Gute Leute haben dann noch Aussagen über das gemacht, was ich eigentlich immer sagen wollte. So schlecht finde ich auch das nicht. Darum gebe ich es Dir gern mit, vielleicht hilft es Dir bei Deinem Christsein „in der Welt von heute". Meiner Fürbitte kannst Du sicher sein. Bis zum nächsten Mal.

„Für viele ist Jesus doch irgendwie gefühlsmäßig eine Bezugsperson, die einen aufrichtet, tröstet, ermuntert, zur Nächstenliebe animiert, Gemeinschaft stiftet usw. Das ist aber im Grunde alles peripher zur radikal theozentrischen Bedeutung Jesu, also der Bedeutung Jesus bezüglich des absoluten Gottes in dem Sinn, dass Jesus die geschichtlich einzig absolut greifbare und universal siegreiche Verheißung Gottes ist; dass nämlich Gott sich als das Heil nicht nur anbietet, sondern von sich aus auch wirkt... "[27]

„Die Caritas ... sucht ... jeden Menschen, ihn... den gottgeliebten, den Menschen der ewigen Bestimmung; sie ist eine Liebe, der es nicht verwehrt sein darf, im Menschen unendlich mehr zu sehen als

---

[27] Paul M. Zulehner: „Du kommst unserem Tun mit deiner Gnade zuvor" – Zur Theologie der Seelsorge, Paul M. Zulehner im Gespräch mit Karl Rahner", Düsseldorf, 1984, S. 94; SW 28, S. 302

einen bloßen Menschen, sie ist eine Liebe, die den Menschen mit den Augen der Weisheit Gottes und der Liebe des Heiligen Geistes anschaut, die Liebe, die die schöpferische Herablassung Gottes mitvollzieht. Dieser Verband kann darum nie von seinem religiösen Ursprung und seiner christlichen Wurzel losgerissen werden, er kann nicht anders als mitarbeiten wollen an dem Heil des ganzen und einen Menschen in Gott, er kann sich nicht einschließen lassen in bloß irdisch soziale Fürsorge; das Leitbild seiner Fürsorge und seines Schutzes, das Besorgte und Behütete ist der Mensch der Unsterblichkeit... "[28]

„Was habe ich also anders Dir von Dir zu sagen, als dass Du der bist, ohne den ich nicht sein kann, als dass Du die Unendlichkeit bist, in der allein ich, Mensch der Endlichkeit, zu leben vermag? ... ich bin der, der sich nicht selbst gehört, sondern Dir. Mehr weiß ich nicht von mir, mehr nicht von Dir – Du –, Gott meines Lebens, Unendlichkeit meiner Endlichkeit. "[29]

„Das >unterscheidend Christliche< nach Rahner ist das allen Menschen von Gott angebotene, seine Gnade. Während, so kann man sagen, sich andere Identitäten durch Abgrenzungen bestimmen, ist

---

[28] Karl Rahner „Sendung und Gnade", Innsbruck-Wien-München 1959, S. 425 f

[29] „Beten mit Karl Rahner", Band 2 „Gebete des Lebens", Freiburg-Basel-Wien 2004, S. 27

das Christliche als das Gemeinsame aller Menschen auf Grund ihrer Herkunft und Zukunft in Gott auszulegen. "[30]

„Rahner...fragt, was denn der Theologe in seiner Anthropologie eigentlich aus dem Glauben vom Menschen wisse. Er antwortet: „Dass er das Wesen sei, das sich in Gott hinein verliert. Sonst doch eigentlich nichts. Denn nur was in diesem Satz impliziert ist, oder was unter diesem Horizont vom Menschen ausgesagt wird, ist eine wahrhaft theologische Aussage. Jede andere Aussage über den Menschen erhält ein theologisches Gewicht nur, wenn sie darauf zurückgeführt werden kann oder von daher verstanden wird, wenn einsichtig wird, ... dass die Leugnung einer bestimmten Aussage die Verwiesenheit des Menschen auf Gott aufheben würde. "...Wenn der Mensch Geheimnis ist, dann gilt für ihn dasselbe wie im Hinblick auf Gott: er darf sich auch von sich selbst kein „Bild" machen, in dem er meint, in vielen Einzelzügen (über sein letztes Wesen hinaus) ein für allemal erfassen. zu können, was er ist"[31]

„Rahner ist der Theologe der Universalität der Gnade. Man wird diesen Ehrentitel auch anderen Theologen des 20. Jahrhunderts geben können...Aber der Rahnersche Duktus ist gerade darin ganz spezifisch, dass er sich diesem großen Thema, dem universalen Heilswillen Gottes...in der Banalität des Alltags widmet ... Dass die

---

[30] Roman A. Siebenrock in „Nach Rahner" – post et secundum, Köln 2004, S. 86

[31] Siegfried Hübner in „Gott als Geheimnis des Menschen" von Klaus P. Fischer/ Siegfried Hübner Wiesmoor 2015, S.105 f

Tiefe des Menschlichen und des Christlichen nicht voneinander zu trennen sind, ist für Rahner eine theologische Kernaussage. "[32]

Glaube in „intellektueller Redlichkeit"

Ach halt, eines noch: Heute habt Ihr bei Euch ja viele, viele Krisen: Corona heißt eine, Klimanotstand die andere und dann gibt es noch viele Kriege. Einfach nur schrecklich. Einer davon tobt mitten in Europa, von wo aus schon zweimal die Welt buchstäblich ‚in Brand gesetzt' wurde. Woran könnt Ihr Euch festhalten, was gibt Euch in dieser Situation Halt und Orientierung? Ich hab' einen guten Freund, er war damals in München Professor für Fundamentaltheologie. Wir treffen uns gelegentlich. Ich mag es, wie er Dinge ‚auf den Punkt bringt.' Bei mir liest es sich ja mitunter – aber nur mitunter – etwas komplizierter. Ja, er sagt mir heut' (Er sagt es über mich. Ich will mich ja nicht selber loben.) und immer wieder, dass er damals schon einen Satz von mir seinen Studenten immer wieder empfahl. Immer, wenn er das sagt, werde ich sogar etwas verlegen. Aber dann lächelt er mich an und ich lächle zurück. So ist das hier. Also, er fand und findet diesen Satz wichtig, besonders für und in Situation, wenn die Gefahr besteht, dass alles irgendwie ‚in' s Rutschen kommt' und man kaum noch Halt und Orientierung hat.

Weil mein guter Freund H. F. mir das so sehr an' s Herz gelegt hat, dass ich Dir diesen Satz doch mit auf den Weg geben soll, (Ich hab'

---

[32] Albert Raffelt in „Von der Gnade des Alltags", Freiburg-Basel-Wien 2006, S. 81-86

ihm von unserem Briefwechsel erzählt. Er war ganz erstaunt, dass es so etwas gibt) will ich es also gerne tun. Hier also mein ‚theologisches Halteseil‘:

„Wenn das Christentum die mit absolutem Optimismus geschehende Inbesitznahme des Geheimnisses des Menschen ist, welchen Grund sollte ich dann haben, kein Christ zu sein?"[33]

Nun kommt gerade mein Freund H. V. um die Ecke, dem ich meinen Entwurf zu lesen gegeben habe. So haben wir es ja öfter auch damals gemacht, erinnerst Du Dich, als wir das *Kleines Theologisches Wörterbuch* gemeinsam herausbrachten? Ich nannte es damals ‚Lexikönchen‘, es war mir wirklich wichtig damit, dass das Wesentliche unseres Glaubens auf engstem Raum zu finden ist. Daher auch mein beständiges Werben damals um *Kurzformeln des Glaubens*, denn heute lesen die Leute sogar noch weniger als zu meiner Zeit bei Euch auf Erden. Ich finde, dass das ein riesengroßer Verlust ist, wenn ich das noch abschließend sagen darf. Ja, und nun sagt mir mein lieber Freund H. V. ich solle doch mein ‚theologisches Halteseil‘ für Dich und für Deine besonders nachdenklichen Freunde noch einmal, ganz zum Schluss, in voller Länge wiedergeben. Aber Vorsicht! Da kommt dann wieder, wie Ihr immer gern sagt, ein ‚typischer Rahner‘. Aber auch heute noch denke ich, wenn ich

---

[33] Karl Rahner, „Schriften zur Theologie" V, Einsiedeln-Zürich-Köln 1962, S. 16,;SW 10, Freiburg-Basel-Wien 2003, S. 578

ehrlich bin, dass dort kein Wort zu viel ist und jedes auch an seiner richtigen Stelle steht. Man muss sich nur Zeit und Geduld nehmen und wirklich Wort für Wort meditierend lesen. Es gibt eben keinen ‚Rahner light'! Und manchmal muss man zweimal, mitunter auch dreimal dieselbe Stelle lesen. Mein Freund H. V. hat gemeint, dass es sich immer lohne, „Rahner im Original zu lesen." Darum möchte ich gern seinem Rat folgen und diese Stelle an den Schluss dieses Briefes setzen. Er ist wieder einmal etwas länger geworden. Aber das kennst Du von mir. Und ich bin mir sicher, dass Du mir das nachsiehst, wofür ich mich ganz herzlich bedanke.

Dein Karl

„Wenn ich die Argumente des Daseins gegen das Christentum annehmen würde, was böten sie mir, um zu existieren? Die Tapferkeit der Ehrlichkeit und die Herrlichkeit der Entschlossenheit, der Absurdität des Daseins mich zu stellen? Aber kann man diese als groß, als verpflichtend, als herrlich annehmen, ohne schon wieder, ob man es reflex weiß oder nicht, ob man will oder nicht, gesagt zu haben, dass es ein Herrliches und Würdiges gibt? Aber wie sollte es dies geben im Abgrund absoluter Leere und Absurdität? Und wer tapfer das Leben annimmt, der hat schon, selbst wenn er ein kurzsichtiger, primitiver Positivist ist, der scheinbar geduldig bei der Ärmlichkeit des Vordergründigen bleibt, Gott angenommen, so wie er in sich ist, so wie er uns gegenüber in Liebe und Freiheit sein will,

also als den Gott ewigen Lebens göttlicher Selbstmitteilung, in der die Mitte des Menschen Gott selbst ist und seine Form die des menschgewordenen Gottes selbst. Denn wer sich wirklich annimmt, nimmt das Geheimnis als die unendliche Leere an, die der Mensch ist, nimmt sich in der Unabsehbarkeit seiner unberechenbaren Bestimmung an, nimmt darum schweigend und unvorausberechnet den an, der diese Unendlichkeit der Leere als das Geheimnis, das der Mensch ist, zu erfüllen beschlossen hat mit der Unendlichkeit seiner Fülle, die das Geheimnis ist, das Gott heißt. Und wenn das Christentum gar nichts anderes ist als die deutliche Aussage dessen, was der Mensch undeutlich in der konkreten Existenz erfährt, die real in der konkreten Ordnung immer mehr ist als bloße geistige Natur, nämlich Geist, der von innen her durch das Licht der ungeschuldeten Gnade Gottes erhellt ist und so, wenn er sich wirklich und ganz annimmt, dieses Licht, wenn auch unreflex und unausgesagt, annimmt, also glaubt, wenn das Christentum die mit absolutem Optimismus geschehende Inbesitznahme des Geheimnisses des Menschen ist, welchen Grund sollte ich dann haben, kein Christ zu sein.[34]

---

[34] Lehmann-Raffelt „Rechenschaft des Glaubens" – Karl Rahner – Lesebuch, Freiburg-Basel-Wien 1979, S. 21

Nachwort: Karl Rahner als „Glaubenshelfer"[35]

Nöte und Schwierigkeiten mit dem Glauben, mit der Kirche gibt es heute viele. Wie kann man damit umgehen? Wo kann man sich Rat und Hilfe holen? Viele sprechen heute von Ausverkauf, vom ‚Verhandeln' über dogmatische Wahrheiten, Andere warnen vor dem Marsch in' s Getto[36] und vor Engführungen.

Der Kirche sind im 20. Jahrhundert, besonders im Vor- und Umfeld des II. Vatikanischen Konzils und der Synode in Würzburg Theologen geschenkt worden, die den Marsch der Kirche in' s Getto ebenso verhindern wollten wie eine ‚Gewichtserleichterung' bei dogmatischen und moraltheologischen Fragen. Ich denke in diesem Zusammenhang u.a. an Hans Küng, an Hans Urs von Balthasar, an Reinhold Schneider, an Joseph Ratzinger, den späteren Papst Benedikt XVI. Und ich denke vor allem an **Karl Rahner**.

Besonders Karl Rahner hat in unzähligen Aufsätzen und Anläufen versucht, die Vorgaben des Konzils „Kirche in der Welt von heute" zu sein, umzusetzen.

---

[35] Dieser Begriff stammt von Karl Pfleger aus „Christusfreude", Frankfurt a. Main 1973, S. 57

[36] „Marsch ins Getto", Karl Lehmann/Karl Rahner (Hrsg.), München 1973

Es gibt verschiedene Gründe, warum Karl Rahner einerseits bei vielen Theologen nach wie vor d e r Fixpunkt ist, mit dem man sich auseinandersetzt, von dem man sich – mitunter auch sehr bewusst und ‚interessengeleitet‘ – absetzt oder an dem man sich orientiert – und warum andererseits dieser bahnbrechende Theologe des Aufbruchs heute im Allgemeinen im Kirchenleben vielfach vergessen zu sein scheint. Im Vorwort habe ich versucht, auf einige Aspekte dieses Phänomens hinzuweisen. Darum soll hier nur noch auf einen Einwand näher eingegangen werden, weil er einen Hinweis geben kann auf einen ersten Zugang zu Karl Rahner.

Seine – mitunter schwere – Sprache[37] ist ja nicht nur schwer. Es gibt auch den ‚anderen‘ Rahner. In seinen Gebeten, Interviews und Gebeten ist seine Sprache nicht schwer für den, der sich auf Rahner einlässt. Hier ist sie von einer Klarheit, ja sogar Einfachheit und sprachlichen Schönheit sowie Eleganz geprägt. Karl Lehmann schreibt dazu:

„Hier erreicht Karl Rahner eine unnachahmliche und einzigartige Weise des Gespräches mit Gott. Seine Gebete zeugen von der

---

[37] Rahners Sprache – mit der er sich auch von ungerechtfertigten Vorwürfen sachlich- inhaltlich absetzen musste – war zwar mitunter schwer, die Sätze lang, manchmal auch kompliziert, weil der ganze traditionelle theologische Reichtum ihm immer präsent war, auch wenn das auf den ersten Blick nicht auffiel bei der Länge der Sätze oder durch lange Zitationen belegt wurde. Allerdings war Rahner nie unklar. Wer die „Anstrengung des Begriffs“ nicht scheut, findet bei ihm immer verlässliche Orientierung. – Vgl. hierzu auch in „Wagnis Theologie“, Freiburg-Basel-Wien 1979, S. 143 ff

unverkennbaren Handschrift seines Glaubens, seiner Hoffnung und seiner Liebe. Dies ist die Sprache nicht nur der Vernunft, sondern auch des Herzens, die viele Menschen aus verzweifelter Einsamkeit und trostloser Bitterkeit herausgeführt hat. Da gibt es keinen falschen Ton. Diese geistliche Unbestechlichkeit hat Rahner viele Freunde gewinnen lassen. Hier wird er auch in vielen Aussagen und in zahlreichen Melodien ein Meister der Sprache."[38]

Karl Rahner war römisch-katholischer ‚Schultheologe'. Er hat sich selbst oft als „Schulmeister" bezeichnet. Er war in der Neuscholastik, in der er aufwuchs und unterrichtet wurde, theologisch ‚zu Hause'. Und zwar in einem Ausmaß, dass der – oftmals verborgene - Reichtum dieser ‚Schultheologie' ihm nicht nur jederzeit mühelos zur Verfügung stand. Karl Rahner kannte diese Theologie so gut, war mit ihr so sehr vertraut, dass er deren geheimen Wirkkräfte, Antriebe und Impulse für die Gegenwart (und auch für die Zukunft!) aufzuschließen vermochte. DAS war und ist das eigentliche Lebenswerk Karl Rahners. Begriffe aus der Gnaden- und Sakramenten- Theologie konnte er ‚übersetzten' und sie in den Kontext der Lebenswelt einbringen. Das nachzuweisen, würde den Rahmen hier sprengen. Erinnert sei nur sporadisch an seine ‚suchende' Christologie, an die Schöpfungstheologie, an die Überlegungen zur Einheit von

---

[38] Karl Lehmann in seiner Einführung „Karl Rahner Unbegreiflicher – so nah", Mainz 1999

Nächsten- und Gottesliebe, oder an Begriffe wie Selbsttranszendenz, Selbstmitteilung Gottes u.a.m.

Rahners Theologie ist geprägt durch das Zeugnis der Universalität der Gnade. Bei ihm ist die „Gnade des Alltags"[39] auch deshalb so ausgeprägt, weil es keine Gotteserkenntnis ohne Glaubensengagement gibt. Besonders seine ignatianische Spiritualität ließ ihn immer wieder neu aufbrechen. Seine Offenheit für andere Kontexte hat hier ihren ‚Sitz im Leben'.

Noch gravierender als der Wegfall der grundlegenden Voraussetzungen der Theologie Karl Rahners scheint allerdings zu sein, dass die Frage nach Gott in einer fast völlig säkularisierten Welt kaum noch relevant ist bzw. zu sein scheint. Hier war und ist Rahners *Meditation über das Wort „Gott"*[40] von einer geradezu bestürzenden Aktualität! Ich formuliere allerdings bewusst vorsichtig und im Konjunktiv, denn was so scheint, ist oft in der Wirklichkeit ganz anders. Ich erlebe in vielen Gesprächen, in der Caritas, in Glaubenskreisen, in Einzelgesprächen, dass vielfach ein Agnostizismus, also die Erklärung, man weiß nicht genau, man kann sich darum auch keine klare Meinung bilden und sich nicht klar entscheiden, bei näherem Hinsehen sich als ein – wie Rahner es ausdrücken würde –

---

[39] Karl Rahner „Alltägliche Dinge", Einsiedeln 1968, 7. Auflage

[40] SW 26, 54 ff

„bekümmerter Atheismus" herausstellt. Gerade angesichts vieler Krisen – Umwelt, Krieg, Corona – fragen Menschen und suchen Antwort und Orientierung. Und nicht selten ‚landen' sie – auch auf Grund unzureichender Medienkompetenz – in ‚Filterblasen' und ‚Echokammern', die der beste Nährboden für Verschwörungsmythen sind.

Mir scheint, insbesondere Karl Rahner hat – in fast prophetischer Manier und oft in exemplarischer Weise – die Herausforderungen der neueren Zeit angenommen, die heute noch drastischer durch Digitalisierung und Globalisierung sich darstellen. Bei ihm gab es weder Rationalisierung noch Verdrängung. Vielmehr gab es bei ihm – wenn ich es auf eine ‚Kurzformel' bringen soll, würde ich sagen – Annahme aus Glauben! Seine Antwortversuche können darum auch heute noch wichtige Impulse sein bzw. geben. Ich gehe noch weiter. Wer sich auf Rahners Impulse einlässt, wird ermutigt, eigene Wege zu suchen – und zu gehen.

Das ist eines der großen Vermächtnisse Karl Rahners: Seinen eigenen Weg suchen und ihn dann auch beherzt gehen! Zumal er bei Karl Rahner immer wieder schauen kann, ob die Richtung und das Ziel noch stimmen und ob die Ausgangslage – sprich die Tradition der Kirche – nicht aus vielerlei Gründen u. U. verlassen oder aufgegeben wurde. Rahner würde immer davor warnen, bei allem

Neuen, bei allem Wagen, das gering zu schätzen, was uns geprägt hat, was uns ‚überliefert worden ist'. Man kann und wird auch bei Karl Rahner lernen, dass wir die Wahrheit nie ‚haben', sondern dass wir uns ihr immer nur nähern können. Wir sind als ‚Pilger' unterwegs[41] und im Vertrauen auf SEINEN Geist dürfen wir die Hoffnung haben, dass ER uns „in SEINE Wahrheit immer mehr einführen" wird. Das zeichnet Rahners Werk aus, die Gelassenheit gegenüber dem, was er selbst gesagt und geschrieben hat und die Offenheit, sich dem Neuen auszusetzen in der Hoffnung, dass immer mehr an Glauben, Hoffnung und Liebe realisiert wird.

Für mich stand und steht die Frage: Wie nähere ich mich dem Glaubenszeugen und ‚Glaubenshelfer' Karl Rahner? Und auch da stand Rahner selbst gewissermaßen Pate. Er schrieb einmal eine *„Rede des Ignatius von Loyola an einen Jesuiten von heute"* [42] Weil er diese Rede selbst als sein „geistliches Testament" bezeichnet hat,

---

[41] Und Karl Rahner kennzeichnet die ‚Pilgerexistenz' in einer Weise, die der Realität sowohl standhält wie sie sie überschreitet, wenn er schreibt: „Wir sind unterwegs, Wanderer zwischen zwei Welten. Weil wir noch auf Erden wandeln, lasst uns bitten um das, was wir auf dieser Erde brauchen. Da wir aber Pilger der Ewigkeit auf dieser Erde sind, lasst uns nicht vergessen, dass wir hier nicht so erhört werden wollen, als ob wir hier eine bleibende Stätte hätten. (SW 7, 84)

[42] Dabei bin ich mir natürlich der Größe und Gefahr dieses Versuches bewusst. Von daher ist es auch nur ein gewagter, mühsamer und schüchterner ‚Anlauf', auf diese Weise einen Zugang zum Glaubenszeugnis Karl Rahners zu eröffnen. Dahinter steht die Überzeugung, dass ich Karl Rahners Glaubenszeugnis – gerade auch für die heutige Zeit - für unverzichtbar halte und dass deshalb nicht nur jede Mühe sich lohnt, sondern auch viel gewagt werden darf, ja muss!

kam mir der Gedanke, so etwas in ähnlicher Weise zu versuchen. Rahner hat nämlich in seinem ‚geistlichen Testament‘ vieles von dem, was er sagte und schrieb, einfacher(er) gesagt, ohne irgendwo und irgendetwas zu vereinfachen. Das war für mich Antrieb und Vorbild zugleich, um diesen „Brief Karl Rahners" quasi aus dem „Himmel" für einen Christen in der Diaspora zu schreiben.

Es kann nur ein kleiner, sehr gewagter Versuch sein, den ich unternehme. Ihn ihm wird man manch' zeitliches Kolorit finden, manche Episode aus der Kirchengeschichte, aus dem Leben Karl Rahners u. ä. Ich hoffe, dass dieser – zugegebenermaßen etwas ängstliche und zögerliche – Versuch dazu beiträgt, sich auf diesen großartigen Glaubenshelfer und Glaubenszeugen Karl Rahner näher einzulassen. Ich bin fest davon überzeugt, dass das *„Wagnis des Christen"*[43] an der Hand Karl Rahners eine spannende, ja fesselnde Angelegenheit ist, die die Glaubensrechenschaft und die Glaubensfreude gleichermaßen vermittelt.

---

[43] Buchtitel von Karl Rahner

Anlage

I. <u>Namensliste der im Text aufgeführten Theologen und Personen</u>

- Urs – Hans Urs von Balthasar- Schweizer römisch-katholischer Priester, Theologe und Kulturphilosoph, geb. 12. August 1905, Luzern, gest. 26. Juni 1988, Basel
- H. F. – Heinrich Fries, deutscher römisch-katholischer Theologe, geb. 31. Dezember 1911, Mannheim, gest.19. November 1998, München
- S. H. – Siegfried Hübner, deutscher römisch-katholischer Geistlicher und Dogmatiker, geb. 9. Januar 1923, Ölsnitz, gest. 24. Dezember 2017, Rathmannsdorf
- Hans – Hans Küng-Schweizer Theologe, römisch-katholischer Priester und Autor, geb. 19. März 1928, Sursee, gest. 6. April 2021, Tübingen
- K.L. – Karl Lehmann- Karl Kardinal Lehmann, deutscher römisch-katholischer Geistlicher, Theologe, Hochschullehrer und Bischof, geb. 16. Mai 1936, Sigmaringen, gest. 11. März 2018, Mainz
- J. B. M. – Johann Baptist Metz, deutscher römisch-katholischer Priester und Fundamentaltheologe, geb. 5. August 1928, Auerbach in der Oberpfalz, gest. 2. Dezember 2019, Münster
- A. R. – Albert Raffelt – deutscher katholischer Theologe und Bibliothekar, geboren am 22. September 1944, Groß Tinz an der Lohe
- Bruder H. – Hugo Rahner, deutscher Jesuit, Theologe und Historiker, geb. 3.Mai 1900, Freiburg im Breisgau, gest. 21. Dezember 1968, München

- Religionslehrer- Dr. Meinrad Vogelbacher, römisch-katholischer Geistlicher und Theologe, Religions-lehrer Karl Rahners in der Schulzeit, geb. 1879 in Buch, Pfarrei Birndorf, gest. 1965, Freiburg im Breisgau, beigesetzt in Birndorf
- H.V. – Herbert Vorgrimler, deutscher römisch-katholischer Theologe und Autor, geb. 4. Januar 1929, Freiburg im Breisgau, gest. 12. September 2014, Münster
- Nikolaus – Nikolaus Schwerdtfeger, Weihbischof in Hildesheim, geb. 1. Oktober 1948, Haar
- P. Z. Paul Michael Zulehner-Paul Michael Zulehner, österreichischer Theologe und katholischer Priester, geb. 20. Dezember 1939, Wien

II.   <u>Schriften Karl Rahners, die im Text aufgeführt werden</u>[44]

- „Das freie Wort in der Kirche", Einsiedeln 1953
- „Das große Kirchenjahr", Freiburg-Basel-Wien 1987; Lizenzausgabe Leipzig 1990
- „Kleines Kirchenjahr", München 1954
- „Strukturwandel der Kirche als Aufgabe und Chance", Freiburg-Basel-Wien 1972
- „Von der Not und dem Segen des Gebetes", Innsbruck 1949
- „Wagnis Theologie", herausgegeben von Herbert Vorgrimler, Freiburg-Basel-Wien 1979
- „Worte ins Schweigen", Innsbruck, 1938

---

[44] Die Sämtlichen Werke Karl Rahners sind inzwischen komplett, in insgesamt 40 Bänden (mit Teilbänden) im Verlag Herder Freiburg -Basel – Wien veröffentlicht worden.